LA OPERACIÓN TORMENTA DEL DESIERTO

La invasión de Irak a Kuwait
y la Segunda Guerra del Golfo

Por Gilles Rahier
En colaboración con Mathieu Roger
Traducido por Marina Martín Serra

Historia en50MINUTOS.es

LA OPERACIÓN TORMENTA DEL DESIERTO

DATOS CLAVE

- **¿Cuándo?** Del 17 de enero al 28 de febrero de 1991.
- **¿Dónde?** En Kuwait, Irak y Arabia Saudí.
- **¿Contexto?** La Segunda Guerra del Golfo (1990-1991).
- **¿Beligerantes?** Irak contra la coalición internacional, apoyada por la ONU.
- **¿Actores principales?**
    - Norman Schwarzkopf, general estadounidense (1932-2012).
    - Sadam Hussein, hombre de Estado iraquí (1937-2006).
- **¿Resultado?** Victoria de la coalición internacional.
- **¿Víctimas?**
    - Bando iraquí: entre 80 000 y 100 000 muertos, 60 000 heridos (pérdidas militares únicamente).
    - Bando de la coalición internacional: 240 muertos y 776 heridos.

INTRODUCCIÓN

En agosto de 1990, la invasión de Kuwait, país que cuenta con uno de los mayores yacimientos petrolíferos del mundo, hace temblar la Organización de las Naciones Unidas, los países occidentales y los de Oriente Medio. El responsable es su vecino Irak, segundo productor de las reservas mundiales de este líquido precioso. Este acontecimiento es el origen de la Segunda Guerra del Golfo, que enfrenta a una coalición internacional, apoyada por la ONU, con Irak, dirigido con mano de hierro por Sadam Hussein.

Del 17 de enero al 28 de febrero de 1991 transcurre la Operación Tormenta del Desierto, la única batalla en la que interviene la coalición internacional durante este segundo conflicto en el Golfo. En apenas cuatro días, esta consigue expulsar al ejército iraquí de Kuwait, demostrando la superioridad de las fuerzas armadas de la coalición sobre sus homólogos iraquís, pero sobre todo la debilidad real de estos últimos.

A pesar de su corta duración, permanecerá en la memoria colectiva como la mayor movilización interaliada después de la Segunda Guerra Mundial (1939-1945), con la participación de cientos de miles de hombres, algunos miles de tanques y más de un millar de aviones.

Vencido, Irak termina aceptando someterse a la voluntad de las Naciones Unidas, lo que provoca insurrecciones internas en el norte y el sur del país, modifica de forma permanente la situación política mundial —en especial por la importancia adquirida por los Estados Unidos— y sume al país en una crisis económica y social sin precedentes.

CONTEXTO POLÍTICO Y SOCIAL

RAZONES PARA LA INVASIÓN DE KUWAIT

La Operación Tormenta del Desierto forma parte del contexto de un conflicto, llamado a continuación la Segunda Guerra del Golfo, que enfrenta a Irak con una coalición internacional formada por 34 países, apoyada por la Organización de las Naciones Unidas (ONU) y liderada por los Estados Unidos.

La ONU es una organización internacional cuyo objetivo es mantener la paz y la seguridad mundial. Creada en el 1945, al final de la Segunda Guerra Mundial, sustituye a la Sociedad de las Naciones (SDN), formada tras la Primera Guerra Mundial (1914-1918). Su asamblea general está compuesta casi por la totalidad de países independientes del mundo. Para facilitar la cooperación entre los diferentes Estados, la ONU dispone de numerosos órganos como el Consejo Económico y Social, el Secretariado General, la UNESCO (para la educación, la ciencia y la cultura), UNICEF (para la infancia) o incluso el Tribunal Internacional de Justicia en La Haya (Países Bajos). Su mayor instancia es el Consejo de Seguridad, que tiene la responsabilidad de mantener la paz y la seguridad internacional. Las grandes potencias (China, Estados Unidos, Rusia, Francia y Gran Bretaña) están representadas de forma permanente y tienen derecho de veto. A estos países, se les añaden diez otros miembros no permanentes que obtienen mandatos por un periodo de dos años.

En el año 1990, Irak está al borde del colapso financiero. Muy débil a causa de la guerra contra Irán (1980-1988), el país se encuentra con una gran parte de sus infraestructuras petrolíferas, industriales y de comunicación destruidas. Los daños se calculan por un valor de unos 67 mil millones de dólares y los ingresos del petróleo no son suficientes para arreglar la situación económica, que es crítica: la deuda contraída por el Estado para llevar a cabo la guerra se eleva a cerca de 80 mil millones de dólares. La inflación se acentúa poco a poco y el paro es importante. El periodo de prosperidad que había conocido el país durante los años setenta, época en la que tenía una posición de hegemonía en Oriente Medio, queda atrás.

Hace 11 años que Sadam Hussein dirige el país. Poco a poco, ha transformado el poder presidencial en una verdadera dictadura totalitaria y represiva. En razón de la profunda crisis que atraviesa su país, decide no pagar la deuda de 15 mil millones de dólares contraída con su vecino, Kuwait. Para apoyar su decisión, durante sus discursos afirma que la guerra contra el «enemigo persa» (es decir, Irán) no solamente la tiene que pagar Irak puesto que, con esta lucha, habría defendido a todo el mundo árabe.

En paralelo, el emirato de Kuwait aumenta su producción petrolífera de forma unilateral en un 20% sin consultar a la OPEP (Organización de Países Exportadores de Petróleo), mientras que, para mantener los precios del crudo, esta última había fijado una cuota de producción por país calculada en barriles. Kuwait, de este modo, hace caer la cotización del petróleo en la bolsa y esto hace perder a Irak dos tercios de sus ingresos anuales. Sadam Hussein acusa entonces al emir Jaber al Ahmad al Sabah (1926-2006) de haber originado una crisis social sin precedentes.

Emir Jaber al Ahmad al Sabah.

Sin embargo, existe otra razón, más antigua, que puede explicar esta invasión. Desde la independencia de Kuwait (1961), los gobiernos iraquís reclaman la anexión del país a su territorio nacional. En efecto, existe un conflicto permanente sobre el tema de la delimitación de las fronteras entre los dos países, que no convienen a Irak porque no puede disponer de un acceso directo al Golfo Pérsico.

LA PRIMERA FASE DEL CONFLICTO: EL ALTERCADO IRAK-KUWAIT

Todos estos elementos señalan que el conflicto entre las dos naciones es inminente. Conscientes del estado de tensión que existe, los Estados Unidos, primera potencia mundial desde el hundimiento de la Unión Soviética y el final de la Guerra Fría (1945-1990), afirman que no intervendrán en un conflicto entre dos países árabes.

El elemento que desencadena el conflicto es un litigio por un pozo en la frontera, en Rumaila. La empresa kuwaití es acusada de robar crudo de una capa de petróleo en territorio iraquí por un pozo en diagonal. Como reacción a este problema, el 2 de agosto de 1990, el ejército iraquí entra en Kuwait y toma el control del país sin encontrar mucha resistencia. El territorio pronto es declarado la decimonovena provincia iraquí por el régimen de Sadam Hussein, que no duda ni un segundo de las repercusiones internacionales que tendrá esta incursión, como explica el periodista francés Serge July: «Encendió una mecha que no estaba destinada a hacer estallar una crisis internacional [...]. Nunca creyó que una razia en esta parte del desierto llena de petróleo provocaría unas consecuencias de tal magnitud»[1]. En ese momento, empieza una ocupación brutal y sangrienta del país.

---

1. Cita traducida por 50Minutos.es

LA SEGUNDA FASE: LA INTERVENCIÓN DE LA ONU Y LA OPERACIÓN TORMENTA DEL DESIERTO

El líder iraquí cree sin duda que las Naciones Unidas no intervendrán directamente en el litigio y que Estados Unidos no querrá involucrarse en un nuevo conflicto en el extranjero. No obstante, la reacción del Consejo de Seguridad de la ONU no se hace esperar. Condena con firmeza a Irak, argumentando la violación de un territorio soberano e independiente de uno de sus miembros. De las 13 resoluciones votadas durante la crisis iraquí, tres decisiones importantes se adoptan inmediatamente durante el mes de agosto de 1990:

- la resolución 660, que exige la retirada inmediata de las tropas iraquís del territorio kuwaití;
- la resolución 661, que establece un triple embargo en Irak: en el material militar, en los productos de consumo diario y en la exportación del petróleo;
- finalmente, la resolución 665, que establece un embargo marítimo y autoriza recurrir a la fuerza.

Frente a esta situación explosiva, los Estados Unidos deciden instalarse en Oriente Medio a partir del 6 de agosto. Tras la demanda de Arabia Saudí, que teme ser la próxima víctima del expansionismo iraquí, se envía un contingente americano, acompañado por un gran número de dispositivos militares. Comienza la operación «Desert shield» (Escudo del Desierto).

En estas circunstancias, Irak no puede contar con la ayuda histórica de sus vecinos. La Liga Árabe (organización regional formada por 21 países árabes), que lo había apoyado durante la guerra contra Irán, condena la invasión con firmeza. En la cumbre del 10 de agosto, incluso decide enviar una fuerza panárabe que acompañaría a la coalición internacional que se está formando en Arabia Saudí.

El estado tampoco puede esperar la intervención de un antiguo aliado, la URSS. En pleno desmembramiento tras la caída del muro de Berlín (1989) y con numerosos problemas internos a los que enfrentarse, sigue la línea dictada por los occidentales y se alía con Estados Unidos por primera vez en 45 años. Así, no utiliza su derecho de veto en el Consejo de Seguridad, que le habría permitido bloquear las sanciones y frenar la intervención internacional en Irak.

La situación se complica para Sadam Hussein, que ha subestimado las repercusiones de su acción: se encuentra aislado en la escena internacional y es víctima de un embargo total. Además, tiene un gran impacto en la opinión pública mundial puesto que anuncia represalias para la población occidental que se encuentra en Kuwait, amenaza que origina la «crisis de los rehenes».

Durante este tiempo, en Arabia Saudí, la coalición se prepara y estructura su intervención militar. A petición de la ONU, reúne finalmente a 34 naciones. Esta internacionalización del conflicto confiere a los Estados Unidos, principal líder, otra justificación para su intervención en Kuwait.

Las 34 naciones que participarán en los combates, en distintos niveles, son: Arabia Saudí, Argentina, Australia, Bahréin, Bangladesh, Bélgica, Canadá, Corea del Sur, Dinamarca, Egipto, Emiratos Árabes Unidos, España, Estados Unidos, Francia, Grecia, Gran Bretaña (Inglaterra, Escocia, Irlanda del Norte y Gales), Italia, Kuwait, Marruecos, Nueva Zelanda, Níger, Noruega, Omán, Países Bajos, Pakistán, Portugal, Qatar, Senegal, Sierra Leona, Singapur y Siria.

Finalmente, la resolución 678 del 28 de noviembre exige la retirada de Irak antes del 15 de enero de 1991 y «autoriza a los Estados Miembros [...] a utilizar todos los medios necesarios para hacer respetar y aplicar la resolución 660 [...] así como para restablecer la paz y la seguridad internacional en la región». En el caso de una respuesta desfavorable o una vez vencido el término, la coalición tendrá derecho a intervenir.

En diciembre y enero, las últimas negociaciones diplomáticas entre la ONU e Irak no llegan a buen puerto. Los dos bandos desean lanzar la operación, iniciada finalmente al alba del 17 de enero de 1991 y retransmitida en directo por la cadena de televisión CNN.

En el año 1991, las televisiones se ven inundadas por imágenes de lluvias de mísiles sobre Tel Aviv, de bombardeos nocturnos en Bagdad y de misiles de crucero Tomahawk lanzados desde los edificios cercanos a las costas iraquís. Frente a la superabundancia de imágenes procedentes a la vez de las fuerzas armadas americanas y de la CNN, varios medios europeos vieron la oportunidad de ofrecer a los telespectadores una información continua en tiempo real. La idea, aunque loable, no se benefició de un tal aparato crítico.

Esta voluntad de hacer que el conflicto fuera más aceptable para la opinión pública se tradujo en especial en el vocabulario utilizado por las fuerzas armadas, vocabulario que los medios occidentales retomarán al unísono. Desde entonces, ya no se hablará más de errores, sino de «daños colaterales» y el término de bombardeo dejará lugar a la expresión de «golpes quirúrgicos».

ACTORES PRINCIPALES

SADAM HUSSEIN, HOMBRE DE ESTADO IRAQUÍ

Sadam Hussein, 1979.

Sadam Hussein es el presidente de Irak desde 1979 hasta 2003. Dirigente del partido Baaz, en el poder desde 1968, instaura una dictadura represiva y totalitaria. Después de haber desencadenado la guerra contra Irán, toma la decisión de atacar Kuwait y, con ello, provoca la Segunda Guerra del Golfo. Durante todo el periodo que precede a las operaciones militares, y a pesar de las ofertas de paz y de negociación, decide no retirarse del país conquistado, prefiriendo el enfrentamiento militar. Los expertos reconocen que su principal error fue elegir la solución bélica y las tácticas de guerra tradicionales, mientras que las fuerzas presentes y la tecnología no le son favorables.

Desprovisto de educación militar (se autoproclama mariscal *ad honorem*) y dirigiendo con mano de hierro las diferentes estructuras de Estado, muestra su voluntad de establecer una guerra de larga duración para disuadir la intervención de la coalición internacional. Precisamente, hace de Kuwait un campo fortificado para intentar hacer que los ejércitos presentes caigan en la trampa de un combate de larga duración, sabiendo que su única ventaja reside en la importancia de su ejército terrestre.

Durante la batalla, con sus elecciones militares limitadas, decide con más frecuencia sobre las opciones políticas. Así, espera motivar la causa árabe, sobre todo mediante el bombardeo de Israel o la declaración de la yihad (guerra santa que une a los pueblos árabes contra sus enemigos).

Después de la guerra sigue en su puesto hasta 2003, año en el que es derrocado por una coalición liderada por Estados Unidos e Inglaterra, durante la Tercera Guerra del Golfo

(2003-2006). Un tribunal especial iraquí lo juzga en julio de 2004 por crímenes contra la humanidad y es ejecutado en 2006.

HERBERT NORMAN SCHWARZKOPF, GENERAL ESTADOUNIDENSE

Herbert Norman Schwarzkopf es un general estadounidense. Durante la invasión de Kuwait, dirige el CENTCOM (Mando Central de los Estados Unidos, encargado de Oriente Medio y del Asia del Suroeste). Entonces, el presidente estadounidense George Herbert Walker Bush (nacido en 1924) lo nombra comandante del Mando Central de los Estados Unidos y dirige las fuerzas de la coalición durante las operaciones Escudo del Desierto y Tormenta del Desierto, al lado de Colin Luther Powell (nacido en 1937), jefe de Estado mayor de los ejércitos y principal consejero militar del presidente.

General Herbert Norman Schwarzkopf (derecha) y general Colin Powell (izquierda) durante una conferencia de prensa en febrero de 1991.

Antes de la invasión, prepara los planes de defensa de los yacimientos petrolíferos del Golfo Pérsico contra un hipotético ataque de Irak. Estos yacimientos, atendiendo a las circunstancias, sirven de base para las operaciones militares de la futura guerra del Golfo. A través de sus declaraciones, podemos entender la estrategia que utiliza: «Haré todo lo que pueda para destruirlos salvajemente lo más rápido posible» (Martínez 1991); «Héroe de la guerra del Golfo, el general Norman Schwarzkopf ha muerto»[2]. Su objetivo principal es no poner en riesgo de forma gratuita las vidas de los soldados que están a su cargo, en operaciones mal preparadas.

Su plan de acción consiste en lanzar un doble ataque: en primer lugar, un bombardeo constante para minar las infraestructuras y debilitar la moral del enemigo; a continuación, cuando lo haya logrado debilitar suficientemente, un ataque rápido y preciso con las tropas terrestres para terminar rápidamente la batalla. Gracias a sus preparativos minuciosos, la guerra se acaba en tan solo cuatro días.

Se jubila en agosto de 1991, tan solo pocos meses después del final de la guerra del Golfo. Con la guerra de Irak de 2003, es consultante para el canal NBC, y muere en 2012.

---

2. Cita traducida por 50Minutos.es

ANÁLISIS DE LA BATALLA

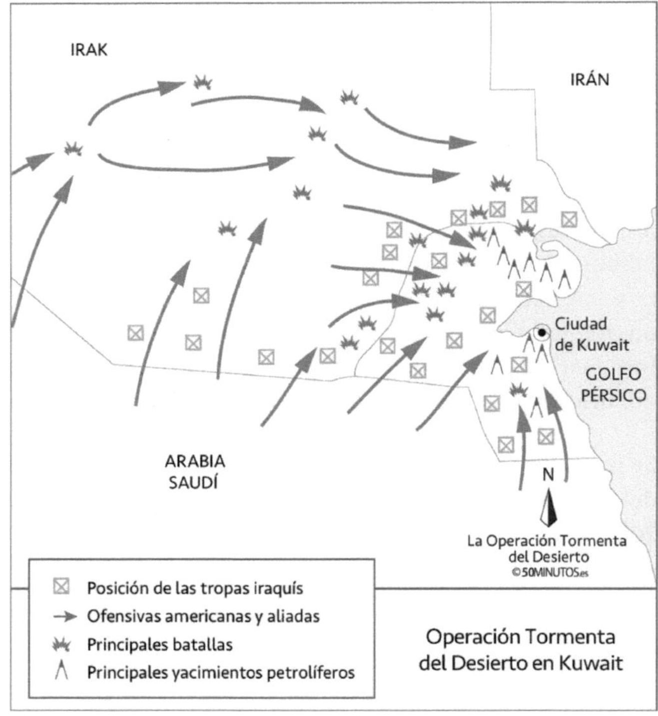

LA TERCERA FASE DE LA GUERRA DEL GOLFO: LA OPERACIÓN TORMENTA DEL DESIERTO

El 17 de enero de 1991, el enfrentamiento es inevitable. Según la opinión de la autoridad americana, la misión será compleja ya que las fuerzas iraquís dispuestas al combate son numerosas.

En Arabia Saudí, cerca de la frontera, se reúnen cerca de 700 000 hombres (entre los que hay 500 000 estadounidenses), 1000 tanques, 1500 helicópteros y 1300 aviones de la coalición internacional para liberar a Kuwait. Es la mayor concentración de hombres de diferentes países, con preponderancia americana, desde la Segunda Guerra Mundial.

Piloto preparado para despegar durante la Operación Tormenta del Desierto, febrero de 1991.

En el bando adversario, los iraquís están preparados para plantarles cara en el campo de batalla. La propaganda de su líder es clara: será la «madre de las batallas». Su ejército, presentado como la 4.ª potencia militar en el mundo, dispone de un equipamiento moderno y de la experiencia de una guerra anterior. Según las diferentes fuentes, está compuesto por 500 000 hombres, 5000 tanques blindados y 3000 piezas de artillería que tienen que defender un territorio de 500 kilómetros que se extiende del sur del Irak hasta Kuwait.

La batalla empieza el 17 de enero de 1991 y comprende dos etapas:

- del 17 de enero al 23 de febrero tiene lugar la preparación de la ofensiva terrestre con un bombardeo aéreo constante;
- del 24 al 28 de febrero tiene lugar la ofensiva terrestre propiamente dicha (la operación Sable del Desierto).

EL ATAQUE AÉREO: EL BOMBARDEO EN ALFOMBRA

Las tropas de la coalición envían primero un escuadrón especial, que efectúa una incursión detrás de las filas enemigas para destruir las baterías antiaéreas. La misión permite abrir una brecha de cerca de 10 kilómetros en el dispositivo antiaéreo. En este espacio, la aviación y los misiles pueden golpear el corazón del sistema militar de Bagdad.

La aviación iraquí no puede competir con el moderno dispositivo militar de sus adversarios y rápidamente se ve superada por el número de aviones y por la calidad de su armamento. Así, rápidamente queda fuera de combate. Se gana la primera batalla, seguramente la más importante. La ocupación del espacio aéreo está exclusivamente en las manos de las Naciones Unidas, lo que les permite infligir muchos daños a su adversario.

El objetivo de los golpes es doble: se trata de atacar directamente a los recursos de Irak (complejos militares e industriales, vías de comunicación, edificios gubernamentales) y debilitar así a todo el sistema militar y cortar las vías de suministro de las fuerzas terrestres iraquís que defienden Kuwait. A mediados de febrero, la coalición se centra en estas últimas, bombardeando la línea de defensa situada en la frontera con Arabia Saudí. Los objetivos son las fortificaciones y los tanques, elementos cruciales del sistema defensivo iraquí. Privada del apoyo de la aviación y encontrándose con que casi no puede repostar, la infantería iraquí espera durante 38 días, atrincherada en las fortificaciones, el ataque terrestre de la fuerza multinacional.

En cinco semanas de combate, la coalición internacional tira cerca de 90 000 toneladas de bombas. Bombardea las posiciones enemigas sin tregua, con un ritmo y una intensidad infernales. Las defensas iraquís en Kuwait resisten a duras penas el bombardeo en alfombra. Su única respuesta, que consiste en enviar misiles en los acantonamientos de Arabia Saudí, no causa un daño real.

El 26 de enero, Irak invade la ciudad de Khafji, en el territorio controlado por la coalición internacional en Arabia Saudí. Tras dos días de intensa batalla, las divisiones iraquís son perseguidas y sufren numerosas pérdidas (alrededor del 50% del contingente enviado).

Sadam Hussein, que busca apoyos, envía misiles a Israel para intentar implicar al país hebreo en el conflicto y, así, incitar a los países árabes a unirse a su causa. Sin embargo, Israel no reacciona y se mantiene neutral durante el conflicto: la operación es un fracaso.

En vista de la situación catastrófica en la que está sumido su país, el líder iraquí acepta finalmente el plan de paz que propone la URSS el 23 de febrero. Los Estados Unidos le dan entonces un ultimátum de 24 horas para evacuar Kuwait. Pero el 24 de febrero, todavía no ha abandonado el territorio y, bajo las órdenes del alto mando aliado, la ofensiva terrestre empieza.

LA CAMPAÑA TERRESTRE DE LAS 100 HORAS

El plan establecido por el general Herbert Norman Schwarzkopf se apoya en rodear el ejército iraquí partiendo a lo largo de la frontera kuwaití e iraquí, y dirigiéndose al sur hasta el Golfo Pérsico, y al norte hasta la zona central de Irak. El objetivo es cortarles la retirada de los ejércitos hacia Irak.

Antes del final del ultimátum, las fuerzas armadas aliadas se reúnen en la frontera con Kuwait y se posicionan delante de las defensas iraquís para hacerles creer que entrarán directamente en esta zona. Sin embargo, una gran parte de las tropas de la coalición realiza entonces un gran movimiento de cerco a través del desierto árabe hacia el noroeste, con el objetivo de golpear su flanco izquierdo y de cortarles la retirada. Así, rodean a los iraquís y los aíslan de las bases traseras para impedir que sus reservas lleguen al frente.

Cuando se inicia el ataque, dos divisiones del cuerpo de marines de los Estados Unidos y el contingente de las fuerzas árabes entran efectivamente en Kuwait y se dirigen hacia el centro para liberar la capital (la ciudad de Kuwait). Varias divisiones blindadas y mecanizadas reciben la orden de traspasar las defensas principales y de moverse hacia el norte para terminar el cerco. El plan es un verdadero éxito según los americanos: de las 43 divisiones iraquís que defienden el terreno, 26 son aniquiladas o derrotadas en apenas dos días.

Puesto que creían firmemente que las fuerzas de la coalición se limitarían a liberar el país ocupado, los generales de Sadam Hussein instalaron dos líneas de defensa paralelas sobre 500 kilómetros, en la frontera entre Kuwait y Arabia Saudí. Sin embargo, subestimaron el trabajo previo del bombardeo en alfombra y las defensas militares, tan elogiadas por el régimen existente y las fuerzas internacionales, se desmoronan rápidamente ante los blindados de la coalición. Se inicia así la retirada.

LA RETIRADA DE LAS TROPAS IRAQUÍS

El rápido abatimiento de las fuerzas iraquís se debe a varios errores cometidos por el alto comando:

- en el frente, las fuerzas terrestres iraquís quedan restringidas a los conscriptos, civiles llamados en nombre de la patria para hacer su servicio militar, mientras que la guardia republicana (cuerpo de élite profesional) se guarda casi enteramente en reserva;
- las tropas de las primeras filas no están formadas por

militares de profesión, sino por hombres decepcionados y cansados por los ocho años de guerra contra Irán. Además, a pesar de las apariencias, no tienen ni las ganas ni los medios de luchar contra una fuerza de asalto mejor entrenada y dirigida. Durante un mes, se encuentran en medio de bombardeos incesantes, mal alimentados y normalmente separados de su mando a causa de la destrucción de los medios de comunicación. De hecho, apenas se ha iniciado, la ofensiva provoca la deserción de alrededor de 90 000 hombres.

Mientras que la opinión pública mundial esperaba una lucha épica en el desierto, el ataque terrestre barre a los iraquís en pocas horas. Las fuerzas de la coalición avanzan a un ritmo constante, empujan y persiguen a la guardia republicana fuera de Kuwait, pasando en especial por la autopista de la muerte («Highway of Death» en inglés). En cuatro días, ocupan el sur de Irak y recuperan todo Kuwait. Entonces pueden llamar a las puertas de Bagdad.

La carretera 80, que recibe el sobrenombre de autopista de la muerte, es una carretera que une el sur de Irak con Kuwait. Durante la retirada de las tropas terrestres iraquís, el 27 de febrero de 1991, sin aviación que les pudiera brindar asistencia, los tanques y vehículos blindados fueron dejados a merced de las fuerzas aéreas americanas, que utilizaron especialmente municiones con uranio empobrecido. Se estima que fueron destruidos 2000 artefactos bélicos con este ataque y fueron abandonados por los iraquís en el lugar. El recuento de víctimas, ya sean civiles o militares, nunca se llevará a cabo.

Vehículos militares y civiles destruidos por los bombardeos.

Las fotografías de los atascos de vehículos destruidos son una de las imágenes simbólicas de la derrota iraquí. El ataque es rápidamente criticado por la comunidad internacional —la Convención de Ginebra prohíbe el ataque a las tropas en retirada— y empuja, al día siguiente, al presidente George Herbert Walker Bush a cesar las hostilidades. La autopista se reconstruirá después de la guerra y se utilizará durante la invasión de Irak en 2003.

El 28 de febrero de 1991, el presidente de los Estados Unidos ordena el alto el fuego mientras Irak anuncia que acepta sin condiciones todas las resoluciones de la ONU. El 3 de marzo, los generales iraquís firman la rendición a cambio de la retirada de las fuerzas armadas internacionales de su país. Entre tanto, el ejército en retirada sabotea los pozos de petróleo, siguiendo así la política de tierra quemada que desea el régimen. El incendio de 732 pozos kuwaitís provoca por otra parte un importante desastre ecológico regional.

Pozos de petróleo kuwaitís incendiados por el ejército iraquí en retirada, vista aérea.

Pozos de petróleo kuwaitís incendiados por el ejército iraquí en retirada, vista terrestre.

BALANCE DE UNA BATALLA DESIGUAL

Desde el comienzo de las hostilidades, las fuerzas iraquís están en una posición de inferioridad. Las fuerzas presentes son efectivamente desproporcionadas: mientras la coalición internacional utiliza material tecnológicamente más avanzado, los iraquís llevan a cabo una guerra clásica y tradicional. Sus fuerzas se ven superadas a nivel aéreo, terrestre y naval, y sufren aislamiento y desmotivación. Por ello, no oponen mucha resistencia.

A lo largo de la operación, las pérdidas registradas en el bando de la coalición son limitadas: se cuentan 250 muertos y 800 heridos. Muchos daños son debidos a los tiros amigos.

En el bando iraquí, es difícil conocer las cifras exactas, pero una estimación habitual cuenta entre 85 000 y 100 000 muertos.

Como en la mayoría de las guerras lideradas por Estados Unidos, la Operación Tormenta del Desierto muestra una división en etapas marcadas por plazos establecidos en fechas bien definidas, y una evidente coordinación. El objetivo de los generales estadounidenses es aniquilar por completo a las fuerzas armadas de su oponente para ganar la batalla. A diferencia de la guerra de Vietnam (1954-1975), deciden utilizar muchos efectivos y materiales de alto rendimiento para que el ejército enemigo directamente no sea capaz de resistir su ataque. El efecto disuasorio (bombardeos continuos y el gran número de combatientes) es el punto central de la batalla.

DAÑOS COLATERALES CONSIDERABLES

Durante la operación aérea contra Irak, los bombardeos causan muchas muertes entre la población civil. Los famosos golpes quirúrgicos orquestados por la administración militar de Estados Unidos no siempre son tan precisos como se espera: alrededor del 70% falla el objetivo. La destrucción de plantas de tratamiento de agua o de fábricas agroalimentarias causa estragos a largo plazo en los habitantes del país, destruyendo la mayor parte de las infraestructuras necesarias para la supervivencia de una sociedad (agua, electricidad, hospitales, etc.).

Dada la grave situación en la que se encuentra el pueblo iraquí, que paga la guerra a un alto precio, la opinión internacional pide el fin de los bombardeos. Algunas fuentes estiman en 200 000 el número de civiles muertos durante la Guerra del Golfo.

Por otra parte, por primera vez en la historia, se utilizan armas que contienen uranio empobrecido para destruir tanques e infraestructuras resistentes como el blindaje de los bunkers. Si bien la intervención en Kuwait también se justifica por la presencia de armas químicas en poder del régimen iraquí, estas son utilizadas sobre todo por la coalición internacional. El daño afectará a los soldados de ambos bandos, pero también a civiles. De hecho, las partículas radiactivas expulsadas por las bombas se depositan sobre el suelo y en las aguas subterráneas, y las inhalan las personas que viven cerca de las zonas de combate, lo que aumenta considerablemente el número de casos de ciertas enfermedades durante los años posteriores a la batalla (malformaciones, leucemia infantil, etc.). Esta arma también causa irritación severa de la piel y de los pulmones y daña los riñones. Algunos expertos también le atribuyen una gran importancia en el síndrome de la Guerra del Golfo (trastornos del sistema inmune), que afecta a cerca de 250 000 veteranos.

REPERCUSIONES DE LA BATALLA

FOMENTAR LA REVUELTA

A finales de 1990, el general Herbert Norman Schwarzkopf hace un llamamiento para instar a la población civil a rebelarse y derrocar el régimen. Se apoya sobre un discurso del presidente George Herbert Walker Bush que alienta a las minorías iraquís a levantarse contra Sadam Hussein, y se le escuchará a partir del final de la guerra.

Desde el 5 de marzo de 1990, dos días después de la capitulación, se produce en Irak un levantamiento de los habitantes del Kurdistán, en el norte, y de los chiitas, en el sur. Las protestas se convierten rápidamente en un levantamiento armado contra el régimen baazista, y posteriormente en una guerra civil. En una semana, 15 de las 18 provincias que conforman el territorio escapan al control y la autoridad de Bagdad. Sin embargo, a pesar de la derrota, Sadam Hussein reacciona rápidamente mediante la reorganización de las unidades militares y se prepara para sofocar el levantamiento.

¿SABÍAS QUE...?

Los chiitas son miembros de una rama religiosa del islam, mayoritaria en Irak (comprende entre el 50% y el 60% de la población). Se encuentran sobre todo en Oriente Medio, Irán, Irak, Azerbaiyán y Bahréin. Con el apoyo de la República Islámica de Irán, dirigida por un chiita, los musulmanes iraquís se opondrán al régimen secular que existe desde los años sesenta, y probarán derrocar el gobierno baazista en repetidas ocasiones durante la dictadura de Sadam Hussein, que les reprimirá con dureza. Después de la invasión de Estados Unidos en 2003, cobran un papel principal en la reconstrucción política de Irak.

Los kurdos son una minoría étnica que comprende unos 25 millones de personas. Están representados principalmente en cuatro estados de Oriente Medio: Irak, Irán, Siria y Turquía. Estas naciones se oponen a la creación de un estado independiente, Kurdistán, que los kurdos desean desde la caída del Imperio Otomano en 1918. En Irak, sufren una represión particularmente sangrienta durante la dictadura de Sadam Hussein, que reprime su voluntad separatista con armas químicas. En 2006, el líder iraquí es condenado a muerte, acusado de asesinar kurdos en Dujail (norte de Bagdad). Las primeras elecciones libres en Kurdistán transcurren en 1992 y el país es reconocido en el norte de Irak como un estado autónomo tras la caída de Sadam Hussein.

Ayudadas por la falta de acción de la coalición internacional y de la ONU, que se niegan a intervenir en un conflicto interno, la represión se encarga a tres divisiones de la Guardia Republicana. Se ocupan primero del sur y luego se mueven hacia el norte. Privados de ayuda exterior, los grupos rebeldes están mal organizados, descoordinados e impotentes delante de las armas de las tropas regulares iraquís. Por lo tanto, la sanción es ejemplar, dura entre cuatro y cinco semanas y comporta una brutalidad atroz, el uso de armas químicas y la destrucción de pueblos enteros, lo que causa el desplazamiento de dos millones de refugiados kurdos en la frontera de Irán y Turquía.

El 3 de abril, mediante una interpretación de la resolución 687 de la ONU, los países de la coalición establecen una zona de exclusión aérea sobre el 60% del territorio, lo que permite limitar las represalias militares sobre los civiles rebeldes. También ponen en marcha una operación humanitaria («Provide Comfort») para ayudar a estas poblaciones. Sin embargo, esto no impide que haya incursiones y represión del régimen en los territorios mencionados.

Refugiados kurdos escapando del ejército de Sadam Hussein gracias a la ayuda de la coalición durante la operación «Provide Comfort», abril de 1991.

IRAK: UN DICTADOR SIEMPRE PRESENTE Y UN FUTURO INCIERTO

El país se encuentra en una situación alarmante: totalmente arruinado por la guerra, ve cómo su economía está paralizada por la destrucción causada por los bombardeos sucesivos, por el embargo petrolero y por las sanciones internacionales. Entonces, Arabia Saudí recupera la cuota de producción del petróleo iraquí. El embargo se mantiene sobre el régimen baazista en virtud de la resolución 687 en abril de 1991, y su levantamiento depende de la destrucción de las armas nucleares, químicas y bacteriológicas. La imposibilidad de exportar petróleo (que representa el 90% de las exportaciones totales del país) destruye por completo la economía iraquí, haciendo caer en una quinta parte el producto interior bruto en cinco años.

Este país, anteriormente uno de los más ricos de la región, se empobrece rápidamente, lo que causa una catástrofe humanitaria. La continuación del embargo afecta primero a las clases sociales más bajas.

Con la introducción del alto el fuego y cuando las tropas de la coalición internacional están cerca de Bagdad, los vencedores demuestran claramente su determinación de no hacer caer el régimen de Sadam Hussein. Después del conflicto, vemos que los Estados Unidos y los países árabes tienen la intención de asegurar la estabilidad del país por varias razones. Estos últimos no admiten la ocupación de Irak y prefieren la solución de los movimientos de revuelta interna. Por otra parte, la ONU había autorizado el uso de la fuerza para expulsar a los iraquís de Kuwait, pero no para derrocar al gobierno que había. Entonces, se contiene al régimen vencido en su territorio nacional, completamente aislado diplomática y comercialmente.

SE ESTABLECE UN NUEVO ORDEN MUNDIAL

Dado que Irak se disputaba la posición de líder con Egipto y Arabia Saudí, con su posición de protector del mundo árabe secular contra el Irán islámico, ahora le es imposible luchar con sus vecinos que, mayoritariamente, aprovechan el embargo del petróleo para aumentar sus ingresos. Durante los años siguientes, un gran flujo de armas recorre Oriente Medio y permite que muchos gobiernos se equipen. Esta carrera armamentística ya presagia los futuros conflictos del siglo XXI.

Por otra parte, la influencia estadounidense en Oriente Medio se afirma con esta primera incursión. Sin embargo, los Estados Unidos deciden no instalarse de forma permanente en el país, sin asumir todavía su creciente papel de garante de la paz mundial. Se les ve como la «policía mundial» al final del conflicto. De hecho, desde la gran agitación que causó en la URSS la caída del muro de Berlín, la pasividad de esta última durante los eventos aumenta el ámbito de actuación de los Estados Unidos, que deciden ampliar su influencia hacia Oriente Medio.

Después de los atentados del 11 de septiembre de 2001, los Estados Unidos, en su cruzada contra el terrorismo internacional, inician la guerra de Afganistán (que comienza en 2001) y lanzan una invasión en Irak, sospechando que el país posee armas químicas y nucleares. Esto nos recuerda la resolución 687 impuesta por la ONU durante la Segunda Guerra del Golfo y la negativa de Estados Unidos para derrocar al régimen dictatorial de Sadam Hussein.

EN RESUMEN

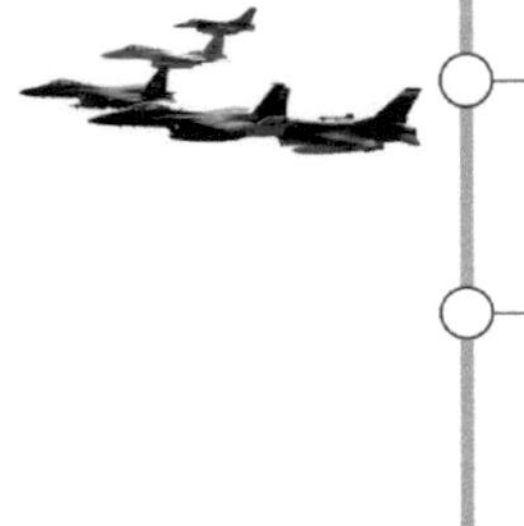

1990

2 ag.: Invasión de Kuwait por parte de Irak

6 ag.: Activación de la Operación Escudo del Desierto

1991

17 en.: Lanzamiento de la Operación Tormenta del Desierto

en.-feb.: Incendio de 732 pozos de petróleo kuwaitíes por parte de los iraquís

23 feb.: Ultimátum de 24h lanzado en Irak

24 feb.: Ofensiva terrestre

28 feb.: Fin de la operación

3 mar.: Firma de la rendición de Irak

- La Operación Tormenta del Desierto es el único enfrentamiento de la Segunda Guerra del Golfo.
- El conflicto enfrenta a Irak, que ha invadido Kuwait, contra una coalición internacional de 34 países encabezada por los Estados Unidos.
- Se trata de la mayor concentración de efectivos de varios países desde la Segunda Guerra Mundial.
- Sus causas están principalmente relacionadas con el control de los yacimientos petrolíferos de la región.
- Está formada por dos etapas: un bombardeo aéreo constante y una ofensiva terrestre de solamente cuatro días.
- Las tropas iraquíes, mal dirigidas y mal preparadas, son rápidamente vencidas por la coalición.

- El resultado de la batalla de Irak deja al país extenuado, ya sea por la destrucción de sus estructuras vitales o por un embargo sobre sus exportaciones de petróleo. En el norte y el sur del país, las revueltas internas son represaliadas con violencia.
- Sadam Hussein finalmente no es expulsado por la coalición, pero será derrocado 13 años más tarde, en la Tercera Guerra del Golfo.
- Se establece un nuevo orden en Oriente Medio tras la redistribución de los cupos de exportación de petróleo y la creciente influencia de los Estados Unidos.

¡Tu opinión nos interesa!
¡Deja un comentario en la página web de tu librería en línea,
y comparte tus favoritos en las redes sociales!

PARA IR MÁS ALLÁ

FUENTES BIBLIOGRÁFICAS

- Aburish, Saïd K. 2003. *Le vrai Saddam Hussein*. París: Saint-Simon.
- Chautard, Sophie. *L'indispensable des conflits du XXe siècle*. París: Levallois-Perret.
- Colectivo. 1991. *Chroniques de la Guerre du Golfe*. París: Édition Atlas.
- "Chronologie de la guerre du Golfe. 1990-1991". En *La guerre du Golfe*. Consultado el 24 de agosto de 2013. http://guerredugolfe.free.fr/
- Ferrard, Stéphane. 1991. *Les armes de la guerre du Golfe*. París: Presses de la Cité.
- Gallois, Pierre Marie. 2003. *Le sang du pétrole. Guerres d'Irak. 1990-2003*. Lausana: L'âge d'homme.
- Jorgensen, Crister. 2008. *Grandes batailles. Elles ont façonné le cours de l'histoire*. París: Parragon.
- July, Serge. 1991. *La diagonale du Golfe*. París: Grasset.
- Langendorf, Jean-Jacques. 1995. *Le bouclier et la tempête. Aspects militaires de la guerre du Golfe*. Ginebra: Georg.
- Luizard, Pierre-Jean. 2002. *La question irakienne*. París: Fayard.
- Schwarzkopf, Herbert Norman. 1992. Mémoires. París: Plon.

FUENTES COMPLEMENTARIAS

- Abdelkrim-Delanne, Christine. 2001. *Guerre du Golfe. La sale guerre propre*. París: Le Cherche-Midi.

- Al-Khalil, Samir. 1991. *Irak, la machine infernale*. París: Lattès.
- Bséréni, Alice. 1997. *Irak, le complot du silence. Essai*. París: L'Harmattan.
- Chaliand, Gérard. 2004. *D'une guerre d'Irak à l'autre. 1991-2004*. París: Métailié.
- Guelton, Frédéric. 1996. *La guerre américaine du Golfe. Guerre et puissance à l'aube du XXIe siècle*. Lyon: Presses universitaires de Lyon.
- Haghighat, Chapour. 1992. *Histoire de la crise du Golfe*. Bruselas: Complexe.
- Kutschera, Chris. 2005. *Le livre noir de Saddam Hussein*. París : Oh ! Éditions.
- Laurent, Éric. 1991. *Tempête du désert. Les secrets de la Maison Blanche*. París: Orban.
- Laurent, Éric y Pierre Salinger. 1991. La guerre du Golfe. Le dossier secret. París: Orban.
- Lefkir-Laffitte, Naïma y Roland Laffitte. 1992. *L'Irak sous le déluge*. París: Hermé.
- Malbrunot, Georges y Christian Chesnot. 2003. *Saddam Hussein. Portrait total*. París: Éditions 1.
- Martínez, Julián. 1991. "La hora del Oso del Desierto». *El País*. 18 de enero. Consultado el 9 de diciembre de 2016. http://elpais.com/diario/1991/01/18/internacional/664153203_850215.html
- Passevant, Roland. 1991. *Golfe. Tempête pour la paix*. París: Messidor.
- Rousset, Valéry. 1996. *La guerre à ciel ouvert. Irak. 1991*. París: Addim.
- Schwarkzkopf, Herbert Norman. 1992. *It Doesn't Take a Hero*. Nueva York: Bantam Books.

PELÍCULAS Y DOCUMENTAL

- *À l'épreuve du feu* (Courage Under Fire). Dirigida por Edward Zwick, con Denzel Washington, Meg Ryan y Matt Damon. Estados Unidos, 1997.
- *Première guerre d'Irak: les dessous de la Guerre du Golfe.* Dirigido por Audrey Brohy et Gérard Ungerman. Francia, 2000.
- *Jarhead. La Fin de l'innocence.* Dirigida por Sam Mendes, con Jake Gyllenhaal, Scott MacDonald y Jamie Foxx. Estados Unidos, 2005.
- *L'Aube du monde.* Dirigida por Abbas Fahdel, con Karim Saleh, Hafsia Herzi y Hiam Abbass. Francia, Alemania e Irak, 2007.

MUSEOS Y EDIFICIO CONMEMORATIVO

- Air Force Armament Museum, en Florida, Estados Unidos.
- Kuwait House of National Memorial Museum, en la ciudad de Kuwait.
- La autopista de la muerte, situada entre Kuwait e Irak.
- Museo canadiense de la Guerra, en Ottawa, Canadá.

en50MINUTOS.es
Historia
Economía y empresa
Coaching
EL DIAGRAMA DE ISHIKAWA
Material Método Máquina
Madre Naturaleza Medida Hombres
LA GUERRA DE PALESTINA DE 1948
DOMINA EL ARTE DEL NETWORKING